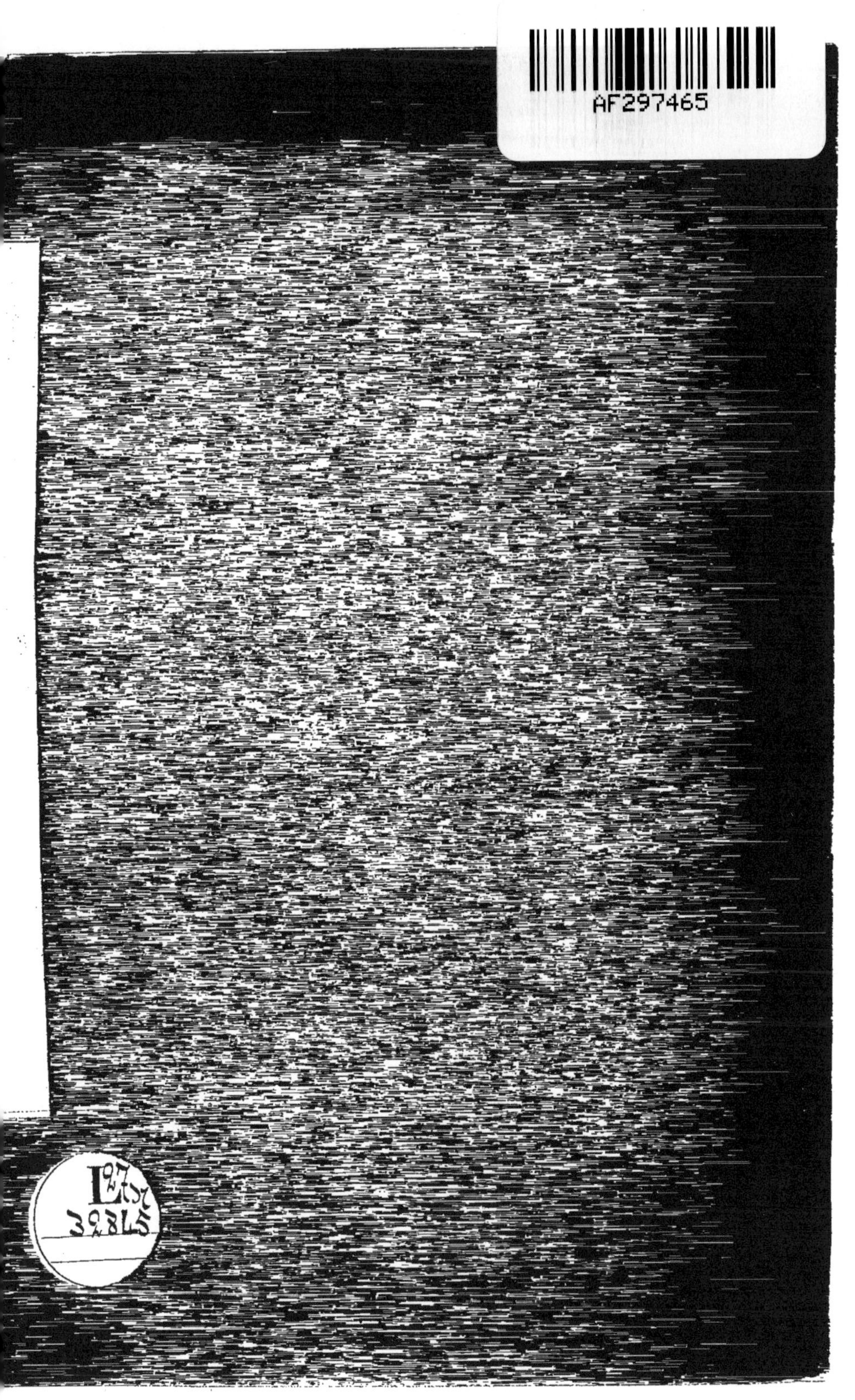

✝

ORAISON FUNÈBRE

DE

M. Jean-Charles-Marie-Joseph CHARIL

Vicaire Général du Diocèse de Vannes
Chanoine Honoraire des Cathédrales de Vannes, de Rennes & de Nantes
Curé-Archiprêtre de Lorient

PRONONCÉE DANS L'ÉGLISE PAROISSIALE St-LOUIS DE LORIENT

LE MARDI 28 JUIN 1881

PAR

M. Y.-M. SCHLIEBUSCH

Chanoine Honoraire de la Cathédrale de Vannes
Recteur de Saint-Christophe

LORIENT

IMPRIMERIE LOUIS CHAMAILLARD, LIBRAIRE-ÉDITEUR
4, place Bisson, 4

1881

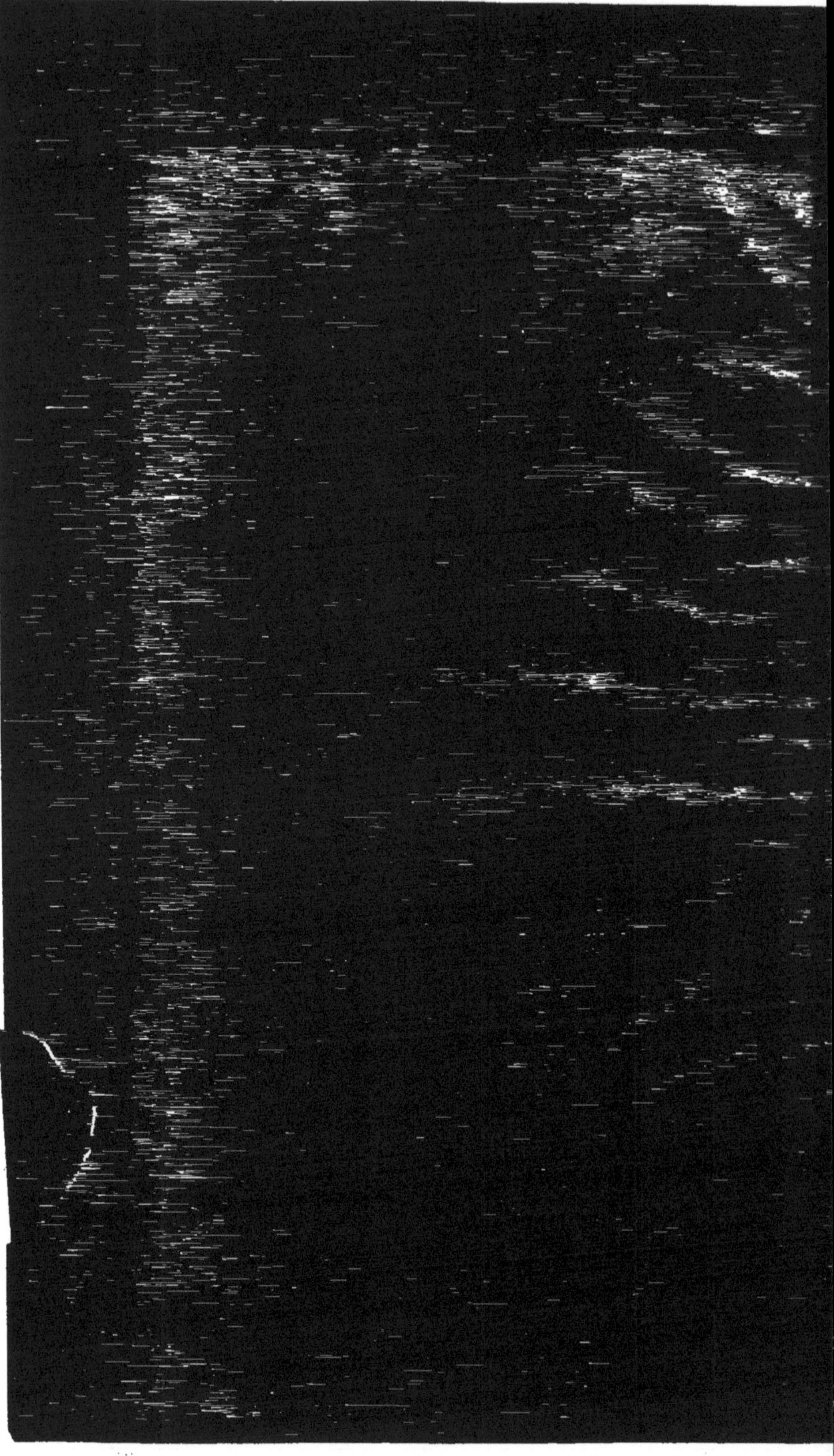

✝

ORAISON FUNÈBRE

DE

M. Jean-Charles-Marie-Joseph CHARIL

Vicaire Général du Diocèse de Vannes
Chanoine Honoraire des Cathédrales de Vannes, de Rennes & de Nantes
Curé-Archiprêtre de Lorient

PRONONCÉE DANS L'ÉGLISE PAROISSIALE St-LOUIS DE LORIENT

LE MARDI 28 JUIN 1881

PAR

M. Y.-M. SCHLIEBUSCH

**Chanoine Honoraire de la Cathédrale de Vannes
Recteur de Saint-Christophe**

LORIENT

IMPRIMERIE LOUIS CHAMAILLARD, LIBRAIRE-ÉDITEUR
4, place Bisson, 4
—
1881

✝

ORAISON FUNÈBRE

DE

M. JEAN-CHARLES CHARIL

CURÉ DE LORIENT

> « *Ego te clarificavi super terram; opus*
> » *consummavi quod dedisti mihi ut faciam;*
> « *et nunc clarifica me tu, Pater, apud temetip-*
> » *sum.... Manifestavi nomen tuum hominibus*
> » *quos dedisti mihi.* »
>
> « *Je vous ai glorifié sur la terre; j'ai con-*
> » *sommé l'œuvre que vous m'avez donné à faire;*
> » *et maintenant vous, mon Père, glorifiez-moi*
> » *en vous-même.... J'ai manifesté votre nom*
> » *aux hommes que vous m'avez confiés.* »
>
> (St-Jean. XVII. 4. 5. 6).

Mes bien chers Frères,

Il appartenait au Verbe incarné, et à lui seul, de prononcer avec une absolue vérité les admirables paroles que vous venez d'entendre. Seul, il a pu sur la terre rendre à Dieu la gloire qui lui était due ; seul, il a pu entreprendre et consommer le grand œuvre de la Rédemption du genre humain ; seul, il a pu dignement manifester aux hommes le nom, la grandeur et la bonté de Dieu ; seul enfin, il a pu réclamer, comme une récompense strictement méritée, la gloire divine dont il jouissait dans le sein de son Père, avant que le monde fût : *Clarifica me tu,*

Pater, apud temetipsum claritate quam habui, priusquam mundus esset, apud te. (JOAN. XVII.)

Toutefois, mes Frères, le Christ a voulu que son œuvre fût continuée à travers les âges jusqu'à la fin des temps, et bien qu'il ait ordonné à tous les hommes de glorifier son Père, il a confié à ses Apôtres et à leurs successeurs, qui devront être les plus puissants glorificateurs du Très-Haut, une mission semblable à la sienne, la mission de faire connaitre à leurs frères les trésors cachés dans le sein de Dieu. Il est et restera le seul Christ, le seul Médiateur, le seul Sauveur ; mais il veut que ses Prêtres soient, au-dessous de lui, d'autres Christs, d'autres Médiateurs, d'autres Sauveurs ; qu'ils soient, en un mot, les ambassadeurs et les représentants attitrés de CELUI qui n'a pas d'égal. Il le déclare nettement dans son Evangile : « Comme » son Père l'a envoyé dans le monde, ainsi il les envoie dans le » monde (JOAN. XII. 18) ; il restera avec eux jusqu'à la con- » sommation du siècle (MATTH. XXVIII. 20) ; il s'identifie à eux » (LUC. X. 16), et par eux il continuera de sauver les hommes. Tel est l'honneur du Sacerdoce catholique, qui est, de par la volonté de Jésus-Christ, il faut le dire aujourd'hui plus haut que jamais, le bienfaiteur nécessaire, et par là même le bien-faiteur impérissable de l'humanité. Depuis dix-huit siècles, il n'a jamais fait défaut à sa mission ; grâce à lui, la lumière de la vérité ne s'est jamais éteinte dans le monde. Que de héros il peut offrir à l'admiration, à la reconnaissance, à la vénération des peuples ! — L'Eglise, qui, comme son Fondateur, ne connaît pas la vieillesse, n'a rien perdu de sa fécondité ; et aujourd'hui, comme aux âges antérieurs, le Sacerdoce catholique vous présentera dans chaque contrée, dans chaque diocèse, des hommes d'élite dignes de vos respects. L'Eglise de Vannes n'est pas frustrée de cette gloire, et, certain de l'approbation de tous, je dirai avec assurance que le vénérable Prêtre, dont nous pleurons la dispa-rition, s'est distingué entre ses Frères dans le Sacerdoce et qu'il est une des gloires de ce beau et catholique diocèse. Il a glorifié Dieu, il a accompli sa mission avec une fidélité irrépro-chable, il a manifesté le nom et l'amour de Dieu aux âmes qui lui ont été confiées ; durant sa longue carrière, il s'est appliqué à propager et à consolider le règne de Jésus-Christ, son Maître et son Modèle. Sur sa couche funèbre il aurait pu prononcer, avec une humilité pleine de confiance, la parole évangélique que l'on murmurait à ses oreilles quand il exhalait le dernier soupir : « Et maintenant, mon Dieu, glorifiez-moi en vous-même de la clarté que vous réservez de toute éternité à ceux qui vous servent : « *Et nunc clarifica me tu, Pater, apud temetipsum.* »

Comment Jésus-Christ, modèle du prêtre, a-t-il glorifié son Père et sauvé le monde ? Il l'a fait par ses vertus, absolument parfaites ; par ses œuvres, absolument saintes ; par ses souffrances, infiniment méritoires. Par ses vertus : ce sont elles qui lui ont mérité sur les bords du Jourdain le magnifique témoignage du Père éternel : « Celui-ci est mon Fils bien-aimé, l'objet de mes tendres complaisances » (Matth. xvii. 5) ; par ses œuvres : il les donne lui-même comme preuve de sa filiation divine et comme titre de sa mission de Sauveur (Joan. x. 38) ; par ses souffrances : car, dit l'apôtre saint Paul, pendant que le Christ mourait sur la croix, Dieu le Père était en lui, se réconciliant le monde : *Deus erat in Christo, mundum reconcilians sibi* (ii. Cor. v. 19). Tel est le modèle ; étudions la copie. Ne sortons pas de cette voie ; il nous sera d'autant plus facile d'y marcher, que déjà elle nous a été frayée par le bien-aimé Pontife qui régit ce diocèse, et qui naguère du haut de cette chaire, commentant avec un merveilleux à-propos la parole que l'Esprit-Saint a dite du Pontife Azarias : *ipse est qui sacerdotio functus est* (i. Parali. vi. 10), rendait à notre vénéré Pasteur l'hommage de ses regrets, de ses larmes et de sa paternelle affection. Ah ! puissent mes faibles paroles faire revivre un instant celui qui vient de nous être ravi ! Puissent-elles, mes bien chers Frères, contribuer à vous faire apprécier la perte que nous avons faite dans la personne du serviteur de Dieu, le très-révérend et très-discret Messire Jean-Charles-Marie-Joseph CHARIL, vicaire général du diocèse de Vannes, Chanoine honoraire des Cathédrales de Vannes, de Rennes et de Nantes, curé-archiprêtre de Saint-Louis de Lorient, dont j'entreprends de prononcer devant vous l'éloge funèbre.

I.

« On dit d'ordinaire : le jeune homme suit sa première voie ;
» donnez-lui-en une bonne dès sa plus tendre jeunesse, dans sa
» vieillesse même il ne la quittera pas : *Proverbium est :*
» *adolescens juxta viam suam, etiam cum senuerit, non*
» *recedet ab ea.* » (PROV. XXII. 6). L'expérience quotidienne
prouve la vérité de cette divine sentence ; et pour satisfaire
votre pieuse curiosité, je veux, avant d'aborder notre important
sujet, vous raconter brièvement l'enfance et la jeunesse de notre
saint Curé.

Jean-Charles Charil naquit à Lorient le samedi 20 septembre
1800 [1]. Il vint donc au monde sous les auspices de la très-
sainte Vierge Marie, à laquelle il eut toujours une dévotion
pleine de tendresse, et sous le patronage de l'évangéliste saint
Matthieu, dont le livre divin devait être plus tard son aliment
de prédilection. Son père, profondément attaché à la foi catholique, voulait avant tout que ses enfants fussent de dignes
chrétiens ; il prit soin lui-même de la première éducation de
son fils Charles, dont il remarqua promptement la vive et péné-
trante intelligence. Il le plaça, à l'âge de 9 ans, comme externe
au collége de Vannes, alors très-florissant et fréquenté par un
grand nombre d'élèves. Charles s'y distingua plus encore par la
gravité de ses mœurs et sa piété que par ses succès, qui
furent toujours brillants. Il était et est resté le premier de sa
classe, rival heureux de notre illustre écrivain breton, M. A.-F.
Rio, l'auteur de l'*Art chrétien* et des *Quatre Martyrs*. Il dut
faire à Rennes sa rhétorique et sa philosophie ; à Rennes,
comme à Vannes, sérieux, laborieux, irréprochable dans ses
mœurs, il ne dévia pas un instant de la voie où ses pieux
parents l'avaient placé. A 16 ans, il avait fini ses études. Se
sentant attiré vers le Sanctuaire, il revint à Vannes suivre pendant trois ans au Grand-Séminaire les cours de théologie.

Sur les entrefaites, M. le comte de Mesnard, grand cham-
bellan de Madame la duchesse de Berry, pria Mgr l'Evêque de

---

(1) Rue de Bourgogne, actuellement rue Traversière, dans la maison
marquée aujourd'hui du n° 18.

Vannes de lui donner un séminariste pour soigner et diriger l'éducation de son fils. L'abbé Charil avait achevé ses études théologiques ; il n'avait pas l'âge canonique pour recevoir les saints Ordres ; son intelligence, sa science, sa solide piété le désignaient au choix de l'Evêque : il partit donc pour la Capitale, où il resta jusqu'à l'âge de 22 ans. Le voilà, à l'âge le plus critique de la vie, dans le monde, dans le grand monde, au milieu des séductions du monde, invité à prendre part aux plaisirs du monde, tout au moins aux plaisirs que le monde appelle honnêtes et innocents, comme, par exemple, les plaisirs du théâtre. Rassurez-vous ; notre séminariste, aux mœurs austères, à la conscience délicate, à la piété tendre et régulière, ne perdra pas de vue la sainteté de sa vocation ; il ne quittera pas un seul jour sa soutane, qui lui rappelle sans cesse et ce qu'il est, et ce qu'il doit être.

Il se donne avec ardeur à l'éducation de son élève ; mais, hélas ! le terrain est difficile et rocailleux, et le précepteur s'épuise en vain. Fatigué et comme dégoûté, il tombe malade, et revient à Vannes. Son vieux supérieur, M. Le Gal, le revoit avec bonheur ; il a la consolation de retrouver son enfant, son séminariste, beau, pur, pieux comme au jour où il s'en était séparé. Il lui parle immédiatement de recevoir le sous-diaconat. Mais ici notre jeune lévite se prend à hésiter, à trembler. « Non, non, répond-il ; je n'en suis pas digne. Non, non, pas encore. » Il reculait, et il fallut que le supérieur, fort de la connaissance qu'il avait de son élève, le contraignit de se présenter à l'Ordination.

Son séjour à Paris ayant développé ses aptitudes à l'enseignement, il fut placé comme Professeur au Collége d'Auray, dirigé à cette époque par un homme dont le nom reste et restera dans cette ville comme type du vrai et parfait chrétien (1). Le jeune professeur admirait son Principal, qu'il avait en profonde vénération, et chaque jour le Principal se félicitait d'avoir pour collaborateur un Ecclésiastique dont la science n'était surpassée que par une piété exemplaire.

Charles Charil dut cependant quitter Auray et retourner à Vannes pour se préparer à recevoir la Prêtrise. Les hésitations se font plus fortes ; les inquiétudes et les transes redoublent ; mais l'esprit de foi, qui prescrit l'obéissance, fait entendre sa

(1) M. Humphry.

voix victorieuse, et le samedi 17 décembre 1825, notre futur Curé, envoyé à Quimper par Mgr l'Evêque de Vannes, est consacré Prêtre pour l'Eternité. Il renouvela en ce jour la promesse de ne vivre que pour glorifier Dieu et sauver les âmes. L'occasion lui en est donnée immédiatement. Dès le mois de janvier 1826, il est nommé vicaire à Saint-Louis de Lorient. Vous avez eu, mes Frères, les prémices de son ministère. Un peu plus tard, en 1841, Monseigneur de la Motte lui confie la direction du Petit-Séminaire de Sainte-Anne ; il est nommé, en 1846, Chanoine titulaire de la Cathédrale de Vannes, et enfin, au mois de mars 1849, Curé de la Paroisse Saint-Louis de Lorient. Vous l'avez vu, au cinquantième anniversaire de sa prêtrise, le 19 décembre 1875, recevoir dans cette Eglise, de notre vénérable Evêque, la dignité de Vicaire général du diocèse de Vannes.

Essayons maintenant d'entrer dans cette âme sacerdotale ; édifions-nous au spectacle des vertus qu'il ne cessa de prêcher par son exemple, et qu'il puisait chaque jour dans le Cœur Sacré qui en est la source. Mais, ici que dois-je faire ? Dois-je citer des faits innombrables, qui fatigueraient votre attention, parce que vous les connaissez déjà, ou vais-je énumérer sèchement toutes les vertus que nous avons admirées ? Vous parlerai-je de sa prudence ? Mais elle était devenue proverbiale. Il s'était, en quelque sorte, incorporé la recommandation de l'Apôtre saint Paul : « *Non plus sapere quam oportet* » *sapere, sed sapere ad sobrietatem*, il ne faut pas être plus » sages qu'il ne convient, mais être sages avec sobriété. » (ROM. XII. 3.) En le voyant à l'œuvre, on se rappelait la sentence d'un célèbre général : « Je préfère le valeureux et prudent Hector au valeureux et bouillant Achille. » En tout, la valeur ; mais aussi en tout, la prudence ; car le Maître a dit : « Soyez prudents comme des serpents » (MATTH. X. 16) ; et l'Esprit-Saint : « Mieux vaut la sagesse que les forces, et l'homme prudent que le courageux : *Melior est sapientia quam vires, et vir prudens quam fortis.* » (SAP. VI, 1.) Aussi notre Prêtre, au risque d'encourir le blâme des bouillants Achille, pesait la portée de ses actes et s'inspirait de cette vertu cardinale qu'on appelle la Prudence, nécessaire aux Pasteurs, et qui, sans jamais dégénérer en faiblesse, doit diriger le Chrétien dans sa marche vers le Ciel.

Vous parlerai-je de sa charité ? Notre saint Curé aurait pu, car il en avait conquis le droit, écrire, comme saint Augustin, sur la muraille de son réfectoire, ce distique connu de tous :

Quisquis amat dictis absentûm rodere vitam,
Hanc mensam velitam noverit esse sibi.

« Que celui qui aime à déchirer par ses paroles la réputation » des absents, sache que cette table lui est interdite. » Il ne supportait pas la médisance. S'il ne pouvait excuser la conduite d'autrui, il n'en parlait pas ; jamais nous ne l'avons entendu médire, et plusieurs fois nous l'avons vu, imitant saint Augustin, imposer silence à ceux qui se préparaient à piquer de leurs langues la vie des absents. Charitable dans ses jugements et ses paroles, il l'était également dans ses actions. Ses aumônes étaient abondantes. On ne l'a peut-être pas assez su, mes Frères, car il n'a jamais pris la trompette pour chanter ses bonnes œuvres ; bien plus, voulant rester ignoré de ceux mêmes à qui il faisait du bien, il leur distribuait souvent ses aumônes par intermédiaire. En cette présente année 1881, il payait dans sa paroisse le loyer de vingt-quatre familles indigentes..... Qui pourrait dire le nombre des jeunes filles qu'il a arrachées au naufrage, en les plaçant de ses deniers dans des maisons de refuge ? Qui pourrait compter les pauvres qu'il a soulagés, nourris, réchauffés et vêtus ?

Vous parlerai-je de sa chasteté ? Oui, certes ; je me reprocherais amèrement de la passer sous silence, car c'est la chasteté qui, avec la foi, fait la force principale du Prêtre de Jésus-Christ. C'est elle qui lui donne et lui assure sur les peuples une influence irrésistible et indestructible. Laissez les ennemis de l'Eglise s'épuiser en diatribes contre le Prêtre ; ils en seront pour leurs cris. Dès que le Prêtre paraîtra en public, le peuple verra sa tête ceinte de l'auréole de la chasteté, et ce rayonnement annihilera les clameurs et les calomnies. C'est bien pourquoi nos ennemis proposent aujourd'hui, comme au XVIᵉ siècle, d'abolir le célibat des Prêtres ; ils sont certains de plonger ainsi le Prêtre dans la boue et de lui ravir le respect et la confiance des populations. Qu'ils proposent ce qu'ils voudront ; le Prêtre répondra : « J'aime mieux perdre la vie que ma chasteté. » Cette vertu délicate a toujours été à l'abri de la calomnie dans la personne de notre vénéré défunt. Il a pu mécontenter, déplaire, froisser, exciter dans certains esprits des rancunes, des colères, des haines, des désirs de vengeance ; car quel est le prêtre fidèle qui, précisément à cause de sa fidélité, ne déchaîne quelques tempêtes contre lui ? Notre divin Sauveur n'a-t-il pas eu ce partage ? Mais toujours, et ici je vous défie de me donner le démenti, l'indisposition, la rancune, la haine, la vengeance se sont arrêtées devant la suave chasteté de notre beau vieillard ; jamais serpent n'a osé le menacer de sa bave pendant les quatre-vingts ans qu'il a passés sur la terre. Rappelez-vous, mes Frères, cette figure patriarcale, grave, recueillie, encadrée de cheveux blancs ; sur son front dénudé, la chasteté avait imprimé son radieux cachet ; et en sa présence, quiconque se respectait, le respectait et l'honorait. O mes vénérés Confrères dans le Sacerdoce, continuons de marcher sur les traces de celui qui a été notre père et notre guide, et nous serons les maîtres du monde. La dent du serpent ne saurait endommager une lame d'or.

Que vous dirai-je de son humilité ? Déjà vous l'avez vu reculer devant le Sous-Diaconat et trembler devant le Sacerdoce ; il a été toujours poursuivi par la conviction de son indignité. Le monde croit facilement que le Prêtre désire les dignités et les honneurs, car lui-même les ambitionne. Le Prêtre de Jésus-Christ dédaigne les bagatelles et s'épouvante devant les fardeaux. Lorsque la Cure de Lorient devint vacante, en 1849, par la mort de M. Rivalain, de pieuse mémoire, Mgr de la Motte la proposa à M. Charil, supérieur de Sainte-Anne. Vous croyez peut-être qu'il l'accepta ? « Oui, sans doute, dites-vous ; et il dût le faire avec empressement. » Vous vous trompez. Il demanda à son Evêque la permission de répondre par un refus, et il refusa. Monseigneur s'adressa alors à un des Prêtres les plus intelligents, les plus instruits, les plus sérieux de son diocèse, à M. Le Diraison, décédé en 1873 à la Cure de Bignan. Celui-ci répondit également par un refus. Le Pontife revint à la charge auprès de M. Charil, qui, regardant le désir instant de son Evêque comme un ordre, se soumit et accepta en tremblant. Oh ! que cette acceptation vous a été bienfaisante et salutaire ! Deux ans plus tard, en 1851, votre digne Curé accompagnait à Saint-Anne, Mgr Desprez, Evêque de la Réunion, aujourd'hui Cardinal-Archevêque de Toulouse. Nous étions là ; c'était dans la bibliothèque du Petit-Séminaire. « Monsieur le Curé, dit l'Evêque, vous ne devez pas rester à Lorient ; vous êtes fait pour être Evêque. » — « Monseigneur, répartit le Curé couvert » de confusion, l'Eglise serait bien à plaindre, si elle était » réduite à prendre pour ses Pontifes des hommes comme moi. » Il eut beau se cacher, son nom s'était fait jour, et tout récemment ses collaborateurs, parmi lesquels j'avais l'honneur de compter, ont eu sous les yeux la preuve authentique qu'il avait refusé l'Episcopat « J'aurais pu, disait-il de temps en temps, » par mes relations avec de hauts personnages, m'attirer » certaines faveurs ; j'ai négligé ces personnages, et je ne » m'en repens pas. » Il craignait que son élévation ne fût son brisement : *Elevans allisisti me*, (Ps, ci. 11.)

Un mot enfin de sa piété. Rappelez-vous M. Charil à l'autel. Quel maintien ! Quelle dignité ! Quel recueillement ! Quelle édification pour ceux qui avaient le bonheur de le voir célébrer ! Il était comme absorbé en Dieu. Cet esprit de piété, il l'avait retiré de sa fidélité à la prière, à la méditation, à laquelle il consacrait chaque jour un temps considérable. Il n'aurait pas voulu passer un jour sans faire sa visite au Très-Saint Sacrement et sans réciter son chapelet. Il aimait Marie, et c'est tout dire, mes Frères ; car quiconque aime Marie ne sera jamais déshérité des dons de Dieu. Il aimait Marie, et c'est pour cela qu'il vous a construit cette petite chapelle absidale, où vous vous réunissez pour rendre vos hommages à la Reine du Ciel.

La piété n'était pas en lui à l'état de sentimentalité ; il la nourrissait par l'étude. M. Charil aimait l'étude. Qu'étudiait-il ? Les auteurs profanes ? Dans ses rares moments de loisir il ne les dédaignait pas ; il avait même dans sa jeunesse une sorte de passion pour les classiques, dont il citait souvent des passages dans les conversations. Mais son livre de prédilection, le livre qui nourrissait son âme, c'était l'Ecriture sainte, qu'il a lue et relue bien des fois durant sa longue carrière. Montez dans sa chambre ; vous apercevrez sur sa table un livre qu'il a fait relier suivant son goût. Entre chaque feuillet vous verrez une ou plusieurs feuilles intercalées par lui. C'est le *Novum Testamentum*, le Nouveau Testament ; et sur chacune des feuilles vous lirez des notes manuscrites : ce sont les pieux commentaires de notre vénérable Curé sur le livre des Evangiles. C'est là qu'il a jeté son âme ; ce livre sera un trésor pour celui qui en deviendra le possesseur.

O Père vénérable, pardonnez-moi de donner à vos paroissiens une esquisse si faible et si décolorée des vertus que vous avez pratiquées au milieu d'eux, et aidez-moi à terminer la tâche difficile que j'ai entreprise.

II

Les vertus aiment à se cacher ; mais le zèle tend nécessairement à se trahir, il se manifeste et se prouve par des actes. Notre divin Sauveur n'est pas seulement le modèle de toutes les vertus, *exemplar virtutum*, il est encore l'ardent zélateur des âmes : *zelator animarum*. Le zèle est une flamme, et la flamme est essentiellement dévorante. Voilà pourquoi Notre Seigneur nous dit dans le saint Evangile : « Mon Père ne cesse » point d'agir, moi j'agis également : *Pater meus usque modo* » *operatur, et ego operor.* » (JOAN. v. 17.) Or, quels sont les œuvres de mon Christ ? « L'Esprit du Seigneur est sur moi, » disait-il au lendemain de la tentation dans le désert ; voici » donc que me consacrant par son onction, il m'a envoyé évan- » géliser les pauvres..... Il faut que j'évangélise le royaume de » Dieu : *Oportet me evangelizare regnum Dei.* » (LUC. IV. 18. 43.) La prédication, voilà une partie essentielle de sa mission, et pendant les trois années de sa vie publique, il n'a cessé, dit saint Luc, de prêcher et d'évangéliser le royaume de Dieu, se donnant comme modèle à ses Apôtres : *iter faciebat per civitates et castella, prædicans et evangelizans regnum Dei ; et duodecim cum illo.* (LUC. VIII. 1.) D'où il suit que la prédication est un des devoirs les plus rigoureux des Pasteurs, qui sont sur la terre pour continuer l'œuvre de Jésus-Christ. C'est l'enseignement du saint Concile de Trente.

Certes, mes Frères, vous rendrez à votre saint Curé le témoignage qu'il n'a jamais failli à cette obligation de sa charge pastorale. Sa parole a plu sur vous. Comme l'on voit un nuage fécondé par les vapeurs de la terre s'avancer et s'étendre au-dessus des campagnes désolées par la sécheresse, et bientôt s'entr'ouvrir pour répandre ses eaux bienfaisantes : la terre boit avidement les innombrables gouttes de pluie et semble se désaltérer avec délices ; les feuilles se revêtent d'une fraîcheur verdoyante, et les fleurs, naguère languissantes, resplendissent d'un nouvel éclat, joyeuse annonce d'une récolte abondante ; de même, tant que notre vénéré Pasteur a été au milieu de ses brebis, son âme fécondée par la science des saintes Ecritures, s'ouvrait au-dessus de son peuple et versait dans tous les cœurs une rosée bienfaisante, qui engendrait les fleurs des saints désirs et les fruits du salut éternel ; car, dit le Seigneur Dieu, la pluie qui descend du ciel est l'image de ma parole qui tombe dans les âmes : *quomodo imber descendit de cœlo, sic erit verbum meum.* (Isa. lv. 10.)

« *Manifestavi nomen tuum hominibus :* J'ai manifesté votre » gloire aux hommes que vous m'avez confiés, » disait le Sauveur, la veille de sa mort ; et M. Charil a voulu avoir le droit de répéter cette parole, autant qu'un homme peut avoir le droit de répéter la parole d'un Dieu. Plusieurs d'entre vous l'ont vu dans cette chaire, lorsqu'il était le collaborateur de son oncle vénéré ; ceux-là ont pu admirer sa pieuse et sanctifiante éloquence. Nous, nous l'avons connu à Sainte-Anne, et nous rendons témoignage que son zèle y donna un vigoureux accroissement à la piété des jeunes gens. Tous nous l'avons connu à la tête de cette paroisse, et tous nous sommes témoins que, fidèle à la recommandation du Pontifical : *sacerdotem oportet prædicare,* ce bon Soldat du Christ, cet infatigable ouvrier du Seigneur, qui avait blanchi dans la culture de la Vigne, ne s'est accordé ni trêve ni relâche dans la prédication de la parole de Dieu. Il ne s'en reposait même pas sur ses collaborateurs, dont il stimulait sans cesse l'ardeur : la plus lourde charge était pour lui. Pendant les stations d'Avent, de Carême, de mois de Marie, pendant les retraites ou jubilés, il appelait à son aide des prédicateurs étrangers ; même alors il ne se dispensait pas de la prédication. N'eût-il fait que celà, il compterait avec raison parmi les grands serviteurs de Dieu, car, dit saint Augustin, le prédicateur de la vérité répand la bonne odeur du Christ : « *prædicatio veritatis, bonus odor Christi.* » Brisé par les ans et les fatigues, il voulait prêcher encore ; une de ses grandes douleurs était de ne le pouvoir plus faire ; « ma voix s'éteint, » disait-il avec regret.

Son zèle ne se bornait pas à la parole. Jaloux de copier fidèlement le divin Maître qui « à la prédication joignait l'action » (Act. i. 1), notre bon Pasteur s'est fatigué, s'est dépensé, s'est sacrifié pour le bonheur de ses brebis. Oh ! qui pourrait louer dignement, ou même énumérer les œuvres de son zèle ? C'est ici le côté saillant, le côté le plus admirable de sa vie, pleine comme l'épi de froment qui tombe sous la faux du moissonneur. Qu'a-t-il fait ? Que n'a-t-il pas fait pour vous et pour vos enfants ? Quelle fatigue a-t-il refusée ? Devant quelles difficultés a-t-il reculé ? Quelles contradictions n'a-t-il pas acceptées avec vaillance ? Quelle amertume n'a-t-il pas consenti à boire ?

Lorsqu'il reçut la direction de cette paroisse, dites-le, combien aviez-vous d'écoles pour vos enfants ? Une.[1] Etait-elle suffisante ? Les faits ont répondu à cette question. M. Charil voulait instruire son troupeau, depuis l'enfant qui entre dans la vie, jusqu'au vieillard qui se courbe vers la tombe. Il voulait répandre les bienfaits d'une instruction solide et chrétienne : la seule qui soit vraie, la seule qui fasse les hommes. Il vous communique son projet. O mes Frères, laissez-moi vous féliciter et vous remercier au nom de celui que nous pleurons ; c'est lui qui en ce moment vous parle par ma bouche. Oui, soyez bénis, soyez remerciés, car vous sûtes le comprendre. Vous répondîtes à son appel ; grâce à votre intelligente et inépuisable générosité, il recueillait en quelques mois soixante-quinze mille francs qu'il consacrait à fonder l'école des Frères ; et comme preuve que son désir était votre désir, sept cents enfants fréquentaient cette école à peine ouverte. C'est là que vous avez connu le bon Frère Raymond, ce saint Religieux, qui, avec M. Charil, a été un de vos puissants bienfaiteurs.

A peine notre zélé Curé a-t-il béni l'école des Frères, qu'il fonde l'Ouvroir Sainte-Marie ; c'était en 1851. Il réunit de jeunes ouvrières ; il les confie à des Religieuses. Ces jeunes filles apprendront à aimer Dieu et leurs parents ; elles apprendront à prier et à travailler ; elles resteront dans cet Ouvroir jusqu'à ce qu'elles trouvent une position dans le monde. Leur travail n'est pas, comme on l'a dit quelquefois, nuisible aux intérêts de la localité : insigne calomnie ! Ces jeunes filles travaillent pour Paris ; leur travail amène annuellement dans la ville de Lorient la somme de dix-sept mille francs. Depuis sa fondation, l'Ouvroir Sainte-Marie, qui compte de 120 à 140 jeunes filles, a versé dans notre ville plus de 500.000 francs.

En 1856, M. Charil fonde, toujours avec votre concours bienveillant, la Crèche, où l'on reçoit les petits enfants pauvres,

---

[1] Je ne parle pas des écoles fréquentées par les filles.

depuis leur naissance jusqu'à l'âge de 3 ans ; puis, l'Asile, où ces mêmes enfants sont recueillis et instruits jusqu'à l'âge de 6 ans.

Mentionnons (car je ne puis que mentionner ; les développements seraient infinis) mentionnons l'Œuvre des Mères chrétiennes, que M. le Curé fonda pour inculquer aux mères de famille une connaissance sérieuse de leurs devoirs, contrepoids nécessaire aux molles inspirations de l'esprit du monde ;

Les deux Conférences de Saint-Vincent-de-Paul, qui ont répandu dans les familles indigentes tant de secours, de consolations et de bienfaits ;

Les Petites-Sœurs des Pauvres, qui recueilleront le vieillard, soigneront ses infirmités, panseront les plaies de son corps pour arriver à guérir les plaies de son âme ;

Les Dames de la Retraite, qui instruiront les jeunes filles et ouvriront leur chapelle aux chrétiens désireux de suivre les exercices des Retraites spirituelles ;

Les Religieuses de Bon-Secours, qui passeront les nuits auprès des malades, et qui, par leur diligence, leur patience, leur tendresse, leur piété, gagneront à Jésus-Christ les âmes hésitantes ou éloignées ;

La Ligue, composée de dames chrétiennes et dévouées, qui enseigneront le catéchisme aux enfants abandonnés.

Mais voici dans la paroisse un grand nombre de personnes qui ne comprennent pas la langue française ; elles font partie du troupeau, et ne peuvent profiter de la nourriture que le Pasteur distribue si largement. Ne craignez pas. Le vigilant Pasteur a l'œil ouvert ; il institue la *Messe des Bretons* ; les Bretons auront une messe spéciale et des instructions spéciales, non seulement les jours de dimanches, mais encore pendant les Avents, les Carêmes, les Jubilés.

Les servantes ne pourront-elles pas se plaindre ? Il leur est à peu près impossible d'assister aux Offices divins ; seront-elles condamnées à ne pas recevoir le pain de la doctrine ? Il n'en sera pas ainsi. Oh ! que la sollicitude pastorale est admirable ! Oh ! que le Prêtre zélé est vraiment l'ami et le père du peuple ! Notre digne Curé comprend le besoin spirituel des servantes, et par ses soins l'instruction religieuse leur sera régulièrement et largement prodiguée.

La vie s'écoule : voici la vieillesse, la vieillesse au pied tremblant, *tremulo pede*, la vieillesse, âge de l'inertie, *iners senectus,* la vieillesse, temps de l'épuisement et des folles visions ; *verique effœta senectus,* dit l'auteur de l'Enéïde. Mais notre Curé était de la race de ces vieillards dont David a dit : « *Adhuc multiplicabuntur in senecta uberi, et* » *bene patientes erunt,* ils se multiplieront encore dans une » vieillesse féconde, et ils montreront une patience persévé- » rante. » (Ps. xci. 14.)

Venez maintenant, venez, humbles enfants de saint François, et apportez votre pieux concours au zélé soldat de Jésus-Crist.

La vieillesse a une prédilection marquée pour la jeunesse. Sur le déclin de ses jours, M. Charil voit autour de lui de jeunes ouvriers, à l'âme neuve et candide, exposés à mille et mille dangers. Son cœur paternel en frémit. Que faire ? Il pense au Patriarche qui a protégé l'enfance du Sauveur Jésus ; cela suffit : le Patronage des jeunes gens est fondé. L'œuvre sera coûteuse ; peu importe. L'argent viendra, et vos enfants, pro- tégés par saint Joseph, fortifiés contre les assauts de l'ennemi, affermis dans la Foi, marcheront d'un pas sûr dans les voies de la probité et de l'honneur. La probité et l'honneur, c'est la piété.

Mais qui peut éviter ici-bas les contradictions, les déceptions, les amertumes? Notre saint vieillard, sur le point d'entrer dans son éternité, apprend soudainement que son cher Ouvroir Sainte-Marie est menacé dans son existence. Quel coup de foudre ! Il ne s'en est pas plaint, mes Frères ; il en a pleuré. O prêtre courbé sous le fardeau, votre zèle n'est pas éteint. Vous connaissez le cœur de vos paroissiens ; faites-leur un appel, un dernier appel. Ils vous répondront. — Vous lui avez répondu, et l'Ouvroir est réédifié.

Ainsi, mes bien chers Frères, votre Pasteur a été dans cette paroisse ce que le soleil est dans le monde : « *Non est qui se abscondat a calore ejus* (Ps. xviii. 7), tous ses paroissiens ont pu sentir sa douce et salutaire influence. » Il a voulu vous gagner tous à Dieu, dont il vous annonçait le nom, la grandeur, la puissance et la bonté, et dont il brûlait d'affermir le règne en vos âmes : *Manifestavi nomen tuum hominibus quos dedisti mihi.*

O Sauveur Jésus, ô vous qui êtes le modèle et qui serez la récompense du Prêtre fidèle, appelez, appelez à vous votre infa- tigable serviteur, et honorez-le de la gloire que vous avez vous-

même réclamée de votre Père, car vous avez dit : « Je veux, ô
mon Père, que là où je serai, là aussi soit mon ministre. »
(Joan. xii. 26).

Mais avant d'entrer dans la gloire qu'il revendiquait, le
Christ a dû souffrir ; c'est surtout par ses souffrances qu'il a
glorifié son Père et sauvé le monde. Son serviteur devra passer
par la voie de la souffrance.

III

La Croix est le cachet des élus. La vie a été pour notre vénérable Curé un long pèlerinage de douleurs. Me voici, mes
Frères, sur le seuil d'un sanctuaire dans lequel il m'est impossible de pénétrer avec vous ; je ne puis vous permettre que d'y
jeter un rapide regard. Il a souffert ? Grandement. A-t-il souffert
dans son corps ? Oui ; mais il faisait peu de cas des douleurs
corporelles, avec lesquelles il s'était comme familiarisé par une
longue habitude. Il était, selon l'expression vulgaire, dur à la
souffrance… Il a souffert dans son cœur ; il a enduré des angois-
ses qui le brisaient. Oh ! que de fois il a été méconnu ! Que de
fois il a été abreuvé d'amertume ! Comment cela ? Il faudrait
citer ici des faits ; mais ces faits se sont passés au milieu de vous :
les exposer, serait indélicat, indiscret, peu chrétien. Son esprit
plane au-dessus de nous, et sa voix murmure à mon oreille une
recommandation charitable : « Gardez-vous, mon ami, de révé-
« ler à mes chers Paroissiens ce que je n'aurais jamais voulu
« leur révéler ; ne les contristez pas. » Non, je ne vous
contristerai pas, mes Frères, je ne parlerai pas. Je ne parlerai pas, mais je vois notre respectable vieillard recueilli dans
cette stalle où vous l'avez si souvent admiré. C'est là qu'il ouvrait son cœur au Dieu de l'Eucharistie ; c'est là qu'il disait avec
le Psalmiste : « Inclinez vers moi votre oreille, ô mon Dieu,
« hâtez-vous de m'arracher à mes maux : *accelera ut eruas*
« *me.* Ayez pitié moi, Seigneur, car je suis dans la tribulation,
« *miserere mei, Domine, quoniam tribulor.* Le trouble s'est
« emparé de mes yeux, de mon âme et de mes entrailles ; ma
« vie se consume dans la douleur, et mes années dans les gé-
« missements. Je suis devenu semblable à un vase brisé, car
« j'ai entendu le blâme de la multitude rassemblée autour de

« moi : *quoniam audivi vituperationem multorum commo-*
« *rantium in circuitu.* (PS. XXX). »

A ces peines de cœur se joignaient les douleurs de l'âme. Ce
prêtre si vertueux, si zélé, si semblable à Jésus-Christ par la
souffrance, avait une âme non-seulement délicate et timorée, mais
alarmée et comme bouleversée par d'incessantes inquiétudes. Une
imperfection, le moins bien était pour lui un poids accablant.
Son âme limpide était sensible comme un miroir et se troublait
au souffle le plus léger. Dieu prenait plaisir à l'éprouver, comme
un habile orfèvre éprouve l'or dans le creuset. « Je suis
» complétement enténébré, disait-il ; je ne vois plus rien. Dieu
» se retire de moi. Je me sens incapable, je me vois inutile ;
» je veux me retirer dans la solitude. J'ai quatre-vingts ans ;
» c'est l'âge des hommes robustes, dit le Psaume ; mais le sur-
» plus n'est que peine et douleur. » Et ce vrai serviteur de Dieu,
ce digne ouvrier de Jésus-Christ, que ses vertus et sa science
plaçaient à une haute distance au-dessus de ses Frères, s'humi-
liait pour recueillir avidement des paroles de consolation, qu'il
savait prodiguer aux autres avec plus d'abondance, de piété et
d'onction. Il se sentait réconforté, lorsqu'on lui montrait dans la
vie des saints des tourments semblables à ceux qu'il endurait,
et se soumettait sans réserve à la volonté de Dieu, car il voulait
vivre pour Dieu, et non pour lui : *ego te clarificavi super*
terram.

Le saint homme Job dit en parlant de lui-même : « Ma force
» n'est pas la force des pierres, et ma chair n'est pas de bronze :
» *Nec fortitudo lapidum fortitudo mea, nec caro mea œnea*
» *est.* » (JOB. VI. 12.) Notre bon vieillard ne pouvait résister
plus longuement aux fatigues et aux douleurs. Le jour du repos
et de la récompense va luire. Le fruit est mûr ; il tombera
promptement de l'arbre. Arrêtons nos regards sur cette mort si
douloureuse pour nous, si heureuse pour celui qui l'a subie.

Comme tous les Saints, notre vénérable Archiprêtre s'ignorait
lui-même ; sous l'influence de ses pénibles inquiétudes, il
avait une frayeur indicible de la mort. Les débuts de sa maladie
ne permettaient pas la moindre illusion. Il eût été cruel de
laisser ce saint prêtre mourir, sans l'avertir qu'il touchait au
terme de sa carrière, et de le priver ainsi du grand mérite
de faire à Dieu le sacrifice de sa vie. A la première annonce,
les frayeurs habituelles se manifestèrent, mais se calmèrent

promptement sous l'influence du langage de la Foi. Rappelez-
vous, mes Frères, sa Communion suprême ; quel magnifique
spectacle ! Quoi de plus émouvant que de l'entendre renouveler,
de sa voix défaillante, la profession de foi qu'il fit aux jours de son
Baptême, de sa Confirmation et de sa promotion au Sacerdoce ?
« Croyez-vous en Dieu le Père ? » — « *Credo*, je crois. » —
« Croyez-vous en Jésus-Christ, son Fils ? » — « *Credo*, je crois. »
— « Croyez-vous au Saint-Esprit ? » — « *Credo*, je crois. » —
« Croyez-vous à la sainte Eglise Catholique ? » — « *Credo*, je
» crois. » — « Reçois, mon Frère, le Viatique du corps de
» Notre Seigneur Jésus-Christ, afin qu'il te protége contre l'en-
» nemi du salut, et te conduise à la Vie éternelle. » — J'en-
tends encore les adieux de l'auguste vieillard, dont les mem-
bres viennent d'être consacrés par l'huile sainte. « Mes chers
» confrères, mes chers parents, mes chers paroissiens, je viens
» d'être nourri de la divine Eucharistie, avant-goût du banquet
» éternel... Vous savez que j'ai été pendant de longues années
» chargé d'une paroisse importante et difficile... Je n'ai pas pu
» me préserver d'erreurs... je les déplore... je m'en humilie...
» je voudrais vous parler... je ne le puis... je vous bénis... »
Les terreurs de la mort s'étaient évanouies ; l'âme jouissait d'un
calme parfait. — « Faites-vous à Dieu, vénéré confrère, le sacri-
» fice de votre vie ? » — « De tout mon cœur. — *In spiritu*
humilitatis et in animo contrito suscipiamur à te, Domine.»
C'est le vaillant chrétien qui, sur sa couche funèbre, dit à la
mort : Je suis prêt ; viens, prends,

Désormais son âme ne s'occupera plus que des choses de
l'Eternité. La mort approche à pas rapides. Le moribond profite
de son reste de forces pour prier. On ne le comprend plus ;
mais ses lèvres s'agitent, et de temps en temps les assistants
peuvent saisir quelques paroles : « Loué et adoré soit Notre
» Seigneur Jésus-Christ ! *Miserere mei, Deus... Sana ani-*
» *mam meam, quia peccavi tibi...* Mon Jésus, miséricorde ! »
Il entre dans la dernière lutte de la vie contre la mort : c'est
l'agonie. Nous récitons les très-consolantes prières de la sainte
Eglise ; nous lisons à haute voix le XVIIe chapitre de l'Evangile selon saint Jean : « *Ego te clarificavi super terram ;*
» *opus consummavi quod dedisti mihi ut faciam ; et nunc*
» *clarifica me tu, Pater, apud temetipsum... Manifestavi*
» *nomen tuum hominibus quos dedisti mihi... Nunc autem*

» *ad te venio* (Joan. xvii. 4. 5. 6. 13). Je vous ai glorifié sur
» la terre ; j'ai consommé l'œuvre que vous m'avez donnée à
» faire. Et maintenant vous, mon Père, glorifiez-moi en vous-
» même... J'ai manifesté votre nom aux hommes que vous
» m'avez confiés... Je viens maintenant à vous. » — Il se fait
un instant de silence ; c'est le silence commandé par la présence de la mort !... « Venez, Saints de Dieu ; accourez, Anges
» du Seigneur, recevez son âme, offrez-la en présence du Très-
» Haut... Donnez-lui, Seigneur, le repos éternel ; faites luire à
» ses yeux votre impérissable lumière.... » Il avait quitté la
terre !

O Lorient, Lorient, prends le deuil de ton enfant. Il t'aimait
tendrement ; il t'a consacré ce qu'il avait : son intelligence, ses
forces, sa santé, sa vie. Consacre-lui tes affections et donne-lui
tes prières. Lorient, ne perds pas la mémoire de celui qui
compte parmi tes gloires les plus solides et les plus vraies.
Souviens-toi du Prêtre vénéré qui t'a prêché la parole de Dieu ;
souviens-toi de sa mort édifiante, souviens-toi de ses vertus et
imite sa foi. (Heb. xiii. 7). Marche dans les sentiers qu'il a
suivis et qu'il t'a enseignés ; marche, car ce sont les sentiers
de la vie, de l'honneur et de la gloire.

O prêtre selon le cœur de Dieu, ô Père de nos âmes, de la
patrie céleste où vos vertus, votre zèle et vos souffrances vous
ont élevé ou vous élèveront, vous abaisserez le regard sur ce
peuple qui a été votre peuple. Vous nous continuerez votre
tendresse, votre protection et vos prières. Mieux que jamais,
vous voyez nos besoins et nos périls ; soyez toujours avec nous.
Nous voulons apprendre de vous à glorifier Dieu, et le souvenir
de vos exemples restera gravé au fond de nos cœurs. Père bien-
aimé, écoutez la voix que vous aimiez à entendre. Si nous n'a-
vions que nos pâles louanges à vous décerner, ce serait un bien
léger tribut ; mais votre mémoire ne passera pas comme
nos éloges d'un jour, et notre amour vous restera. Nous avons
été témoins de vos vertus, nous avons assisté à vos combats,
nous avons partagé vos travaux : plaise au Dieu de miséricorde
et de bonté de nous associer un jour à sa gloire, récompense
de ceux qui, comme vous, l'ont glorifié par la vertu, le zèle et
la souffrance !

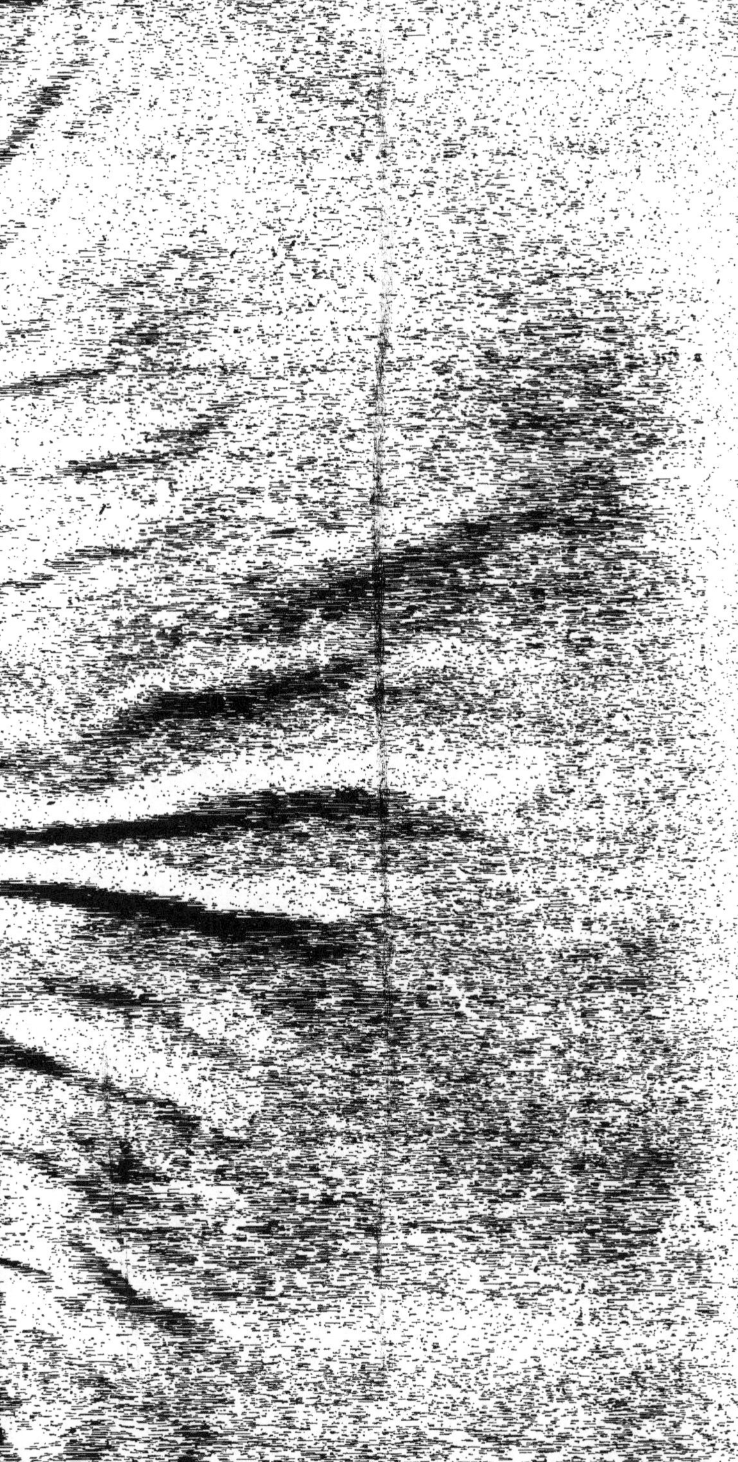

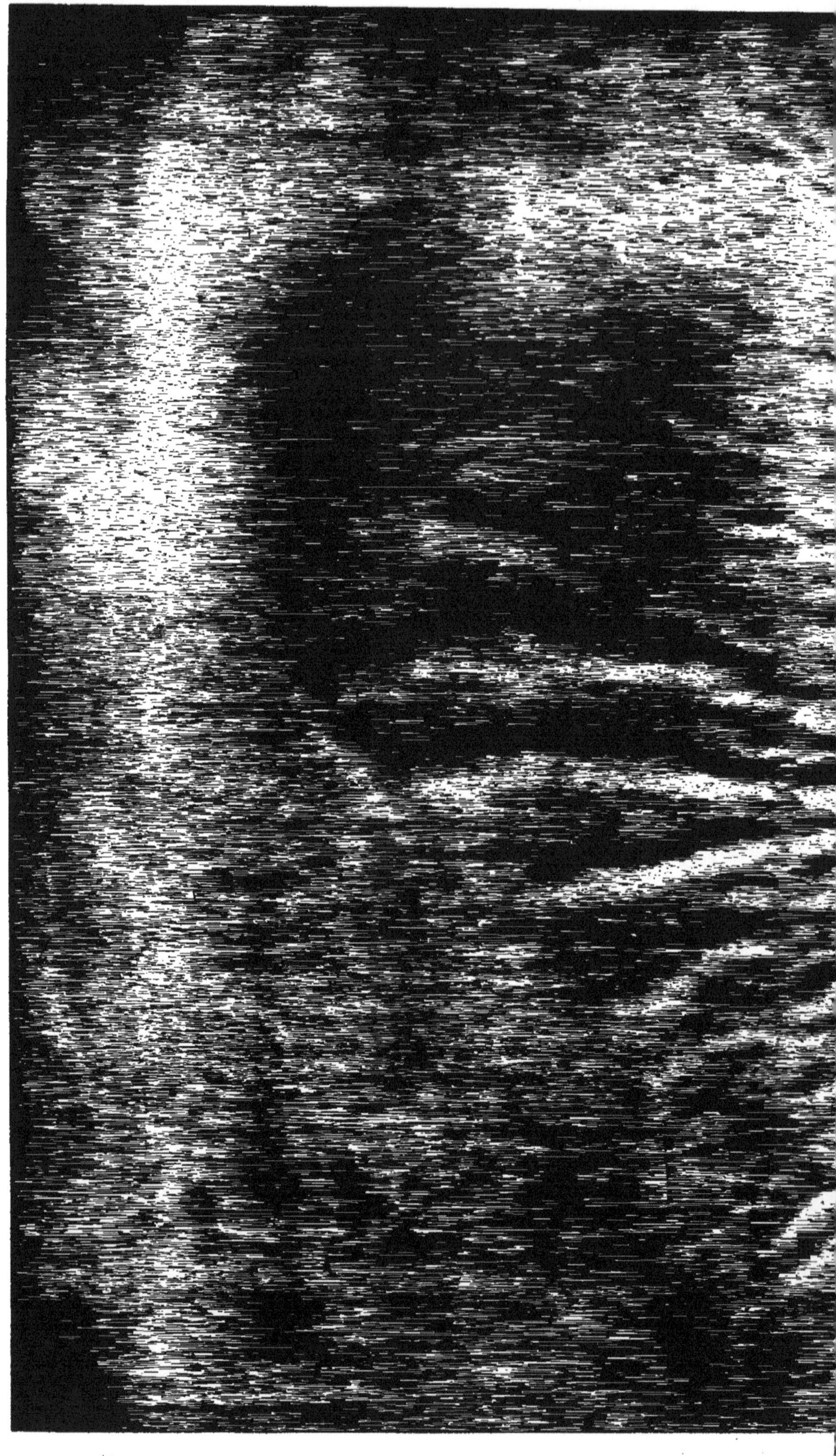